JN169696

子どもに伝えたい
和の技術

6

わがっき
和楽器

JAPANESE MUSICAL INSTRUMENTS

著　和の技術を知る会

はじめに

豊かな和楽器の世界

和楽器というとみなさんはどんなイメージをもっていますか。盆おどりや祭りのときの囃子などで演奏される太鼓や笛の音などでしょうか。能楽という舞踊劇で使う鼓や、歌舞伎という芸能で使われる三味線などを知っていますか。和楽器は、明治時代に西洋から入ってきた、ヴァイオリン、ピアノ、クラリネットなどに代表される洋楽器とは別に、日本の伝統音楽の演奏に使われるいろいろな楽器のことです。歴史は古く、千数百年も昔から現代でも演奏されているものもあります。また古くは中国大陸や朝鮮半島から伝わったものもあります。よく日本の文化は、このように近くの国から、または明治時代には西洋からの影響も受けているといわれています。しかし和楽器は、わたしたちが音を楽しむくらしの中で、独自に発展し作られてきたものがたくさんあります。いろいろな和楽器を知り、どんな技術で作られ、どんな背景があるのか、いっしょにたずねてみましょう。知れば知るほど、日本の文化の深さを知り、和楽器のすばらしさがわかるはずです。

もくじ

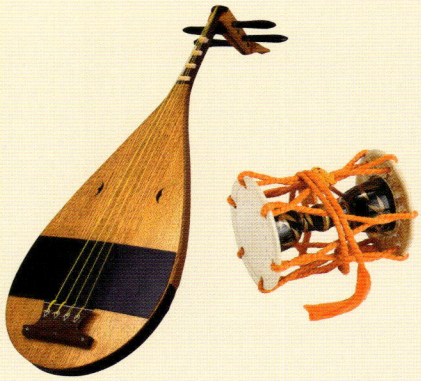

和楽器の世界へようこそ・・・・・4

いろいろな和楽器を知る……4

雅楽の楽器……4

能楽の楽器……6

箏曲の楽器……7

長唄・邦楽囃子の楽器……8

祭囃子・神楽囃子の楽器……9

和楽器作りの技を見てみよう・・・・・10

箏作りのスゴ技……10

三味線作りのスゴ技……12

尺八作りのスゴ技……13

和太鼓作りのスゴ技……14

奏者が組み立てる打ち物……15

和楽器演奏の技を見てみよう・・・・・16

箏の演奏……16

三味線の演奏……17

能管の演奏……18

尺八の演奏……19

締太鼓の演奏……20

小鼓の演奏……21

和楽器のある祭り・・・・・22

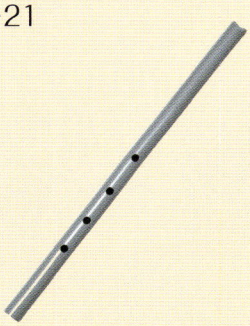

水道管尺八作りにチャレンジ！・・・・・24

もっと和楽器を知ろう・・・・・・26

音を楽しむ日本の文化……26

日本の音楽を生み出し、引きつぐ楽器たち……27

三味線のはじまりと広がり……28

アジアの中の和楽器……29

広がる和楽器の活躍……30

和楽器職人になるには……31

和楽器奏者になるには……31

■日本の伝統音楽である邦楽では、ジャンルにより、同じ楽器でもよび名や部位の名称の表記がちがうものがあります。本書は各ジャンル、楽器にあわせて表記しております。

和楽器の世界へようこそ

いろいろな和楽器を知る

和楽器は、演奏の方法で種類を分けるよび方があります。それは箏や琵琶、三味線などの「ひき物」、笛や尺八などの「吹き物」、太鼓や鼓などの「打ち物」などです。音楽ジャンルごとのいろいろな和楽器を見ていきましょう。

雅楽の楽器

雅楽は、天皇や貴族の前や、大きな寺院や神社で演奏され伝えられてきた、日本でもっとも古い音楽のひとつです。楽器も演奏法も1,000年以上変わりません。使う楽器は管楽器、絃楽器、打楽器の３種類です。

鉦鼓

雅楽で唯一の金属楽器です。青銅で作られ、楽太鼓にわずかに遅れてチチンと打ちます。

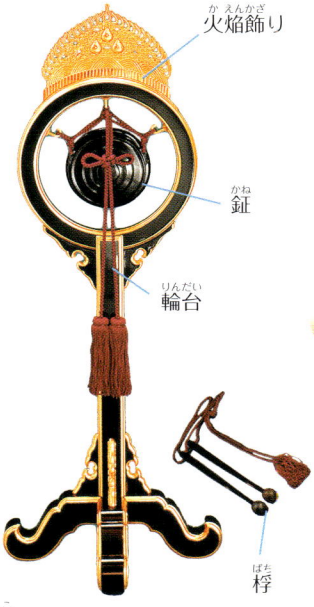

鉦鼓本体の全長・約15cm
全体の高さ・約80cm
全体の最大幅・約29cm

楽太鼓

雅楽の舞台中央におかれ枠につるすので釣太鼓ともよばれます。胴にはあざやかな模様が描かれています。

太鼓本体の全長・約50～60cm
全体の高さ・約140cm
全体の最大幅・約80cm

管絃

鞨鼓

曲のはじまりや終わりの合図を出したり、曲の速度など全体の流れで重要な役割をします。

全長・約30cm
幅・約25cm

細長い２本の桴で両面を横から打ちます。

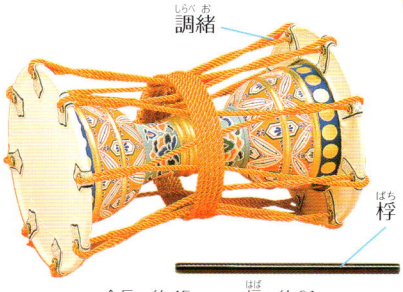

全長・約45cm　幅・約31cm

三ノ鼓

中央がくびれており、台に乗せずに左手で調緒をにぎって、右手で桴を持ち打ちます。

全長・約36cm

笏拍子

歌のリズムを整える打楽器です。もともとは貴族が礼装に使用した笏（細長い板）に由来します。

神楽笛

雅楽の神楽歌で使われるもので、指孔は６つ。
龍笛より低くやわらかい音が出ます。

全長・約 45.5cm

龍笛

中国から伝来した唐楽で使われていたといわれています。横笛ともよばれ、指孔は７つあり、いきおいのある、するどい音で、旋律や装飾音を担当します。

全長・約 40cm

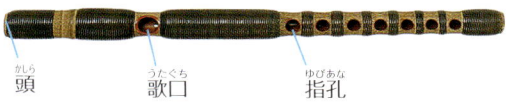

高麗笛

朝鮮半島から伝わった高麗楽や東遊に使われ、指孔は６つで、龍笛より高くするどい音が出ます。

全長・約 36.5cm

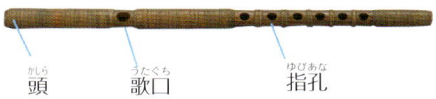

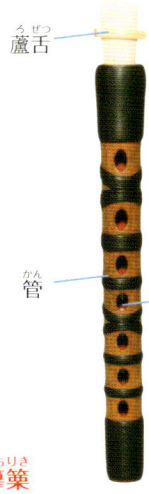

全長・約 18cm
（蘆舌は約 5.5cm）

篳篥

奈良時代より前に中国から伝来したといわれています。小型ですが、音量は大きく、人の声や歌に近いといわれています。主旋律を受けもちます。

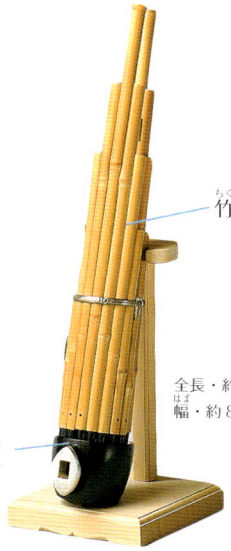

全長・約 50cm
幅・約 8.5cm

笙

17 本の長さのちがう竹をならべて、作られています。いくつかの音を同時に鳴らすことができ、ほかの楽器を包みこむような音が出ます。

舞楽「打球楽」

楽箏

雅楽に使われる 13 本の絃がはられた楽器で、現在の箏の原型といわれています。管絃の演奏では吹き物（笙、篳篥、龍笛）の旋律に沿ってリズムをきざみます。

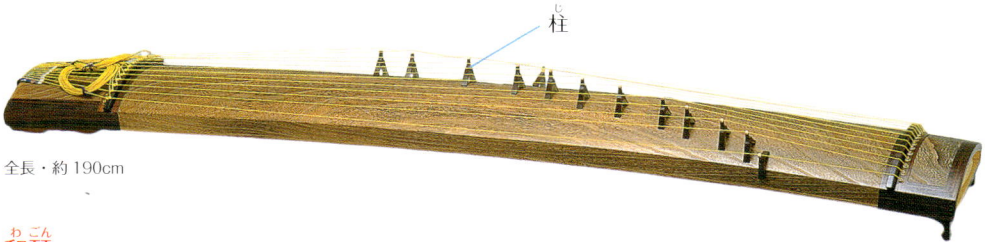

全長・約 190cm

和琴

６本の絃がはられた箏で、古墳時代から日本にあったといわれ、楽器の祖先と思われる埴輪が出土しています。日本古来の神楽歌や東遊などで使われます。

全長・約 190cm

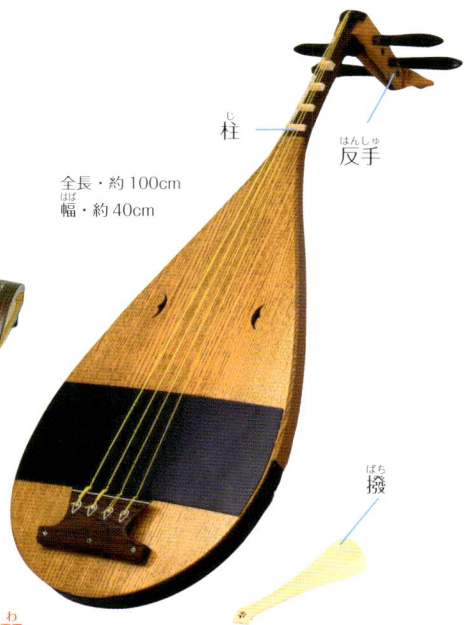

全長・約 100cm
幅・約 40cm

楽琵琶

雅楽で使われている、４絃の琵琶で奈良時代に中国から伝来したといわれています。現在の琵琶より大きく、横にかまえて演奏します。

能楽の楽器

能楽は、役者たち（役によっては能面をつける）が、ことばを語り、謡い、演じ、劇を進行する「音楽舞踊劇」です。四拍子とよばれる４種類の和楽器を使い、650 年以上の歴史をもち、江戸時代までは猿楽や申楽とよばれていました。

笛

能の世界では単に「笛」とよばれます。竹製で７つの指孔があり、漆を何層にもぬり重ねて作られています。独特の音色が出て、吹くと音程は一管一管ずつ、みな微妙にことなります。

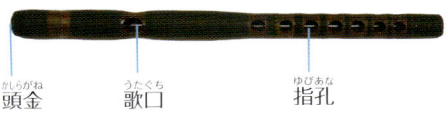

能演目「乱」

小鼓

ふだん鼓といえば小鼓のことです。弾力性のある多彩な音とかけ声で、演奏していきます。胴にほどこされたきらびやかな装飾は美術的価値があります。

全長・約 25cm

大鼓

小鼓よりひとまわり大きく、「おおかわ」ともよばれます。演奏前に皮を火であぶり乾燥させ、調べというひもの部分できつく締めあげます。するどくつきぬける音が特徴です。小鼓とともにすべての曲で演奏します。

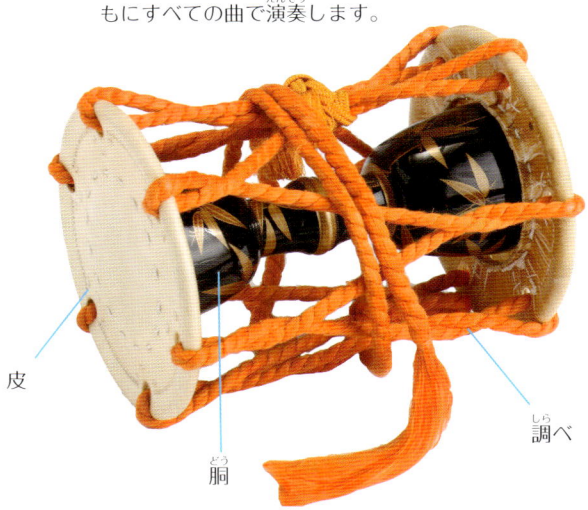

全長・約 30cm

太鼓

調べというひもの部分を木の枠の台にかけ、床において両手の撥で上から打ちます。調べの締めかげんで微妙に音が変わります。

高さ・約 15.5cm（台はふくまない）

胴（上）、皮（中）、台（左下）、撥（右下）
（別に調べがあります）

箏曲の楽器

箏曲とは箏の音楽の総称で、器楽も声楽もふくみます。中国には古代から箏と琴という２種類の「こと」があり、奈良時代ごろ日本に伝わりました。現在日本で使われている「こと」というと、13本の絃をもつ箏をさします。材料は桐で作られ、全体を天に舞う竜に見立て、各部に名前がついています。

十三絃（山田流）

ふっくらとした甲羅状の板に、13本の絃をはりわたします。柱に絃をかけ、その位置で音程を調整し、右手にはめた爪で絃をはじき音を出し演奏します。

全長・約182cm

箏と三絃（三味線）の合奏

竜尾

山田流の絃は、均一に流します。

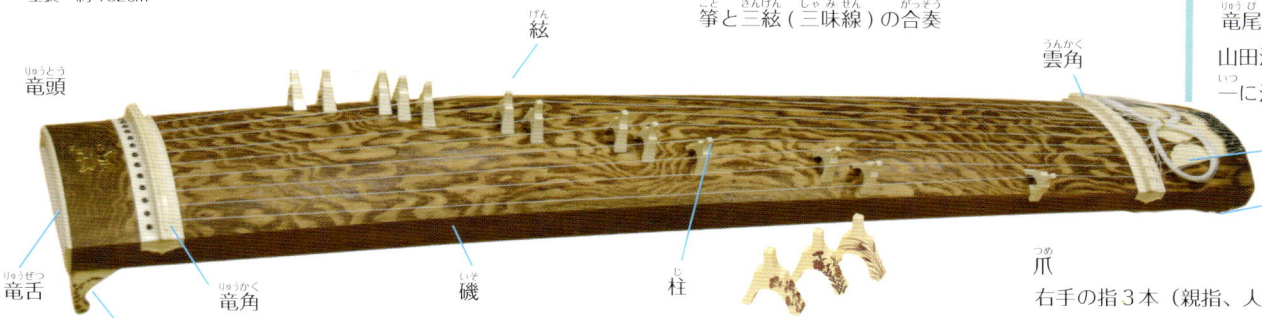

胴体部と絃の間に立て、音程を調整し音階を作ります。

爪

右手の指３本（親指、人さし指、中指）にはめてひきます。山田流（丸爪）、生田流（角爪）と流派で形がちがいます。

山田流

生田流

十三絃（生田流）

生田流の十三絃は、昔は房飾りがあり約190cmでしたが、現在は、山田流と同じ規格です。

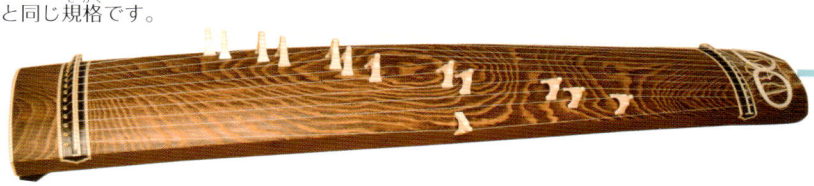

竜尾

生田流の絃は、３つに束ねます。

十七絃

箏曲の演奏家であり、作曲家の宮城道雄が、1921（大正10）年に考案しました。17本の絃があり、十三絃より大きく、曲の低音部を担当する箏です。

全長・約210cm

短箏

宮城道雄により、箏の教育普及用にと考案されました。

全長・120cm

尺八

竹製のたて笛で、長さが１尺８寸（約54.5cm）あるので尺八といわれます。竹の筒に指孔をあけた素朴な楽器ですが、吹く人の息づかいによって、さまざまな音色を奏でる奥深い和楽器です。箏曲の合奏にも使われます。

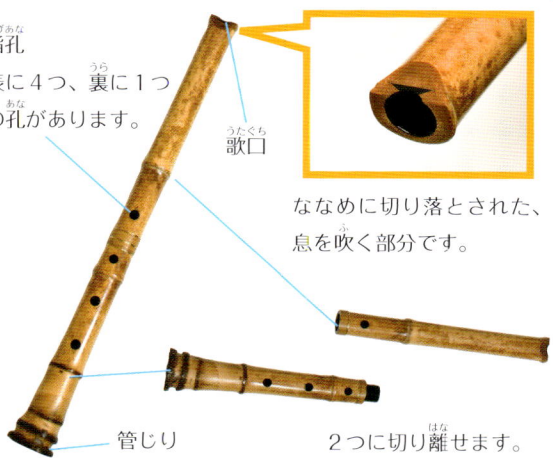

指孔

表に４つ、裏に１つの孔があります。

ななめに切り落とされた、息を吹く部分です。

２つに切り離せます。

※箏の場合、絃と書いて「いと」と読むこともあります。

長唄・邦楽囃子の楽器

長唄は江戸時代に歌舞伎の伴奏として誕生した軽快で粋な音楽です。長唄囃子は能楽囃子から発生し歌舞伎とともに発展してきました。三味線とともに、歌舞伎や日本舞踊などで舞台に出て演奏するのが出囃子。使う楽器は小鼓、大鼓、締太鼓、笛の４種類で四拍子といい邦楽囃子ともいいます。

長唄「元禄花見踊」の演奏

三味線

中国の三弦や沖縄の三線から発展して、16世紀後半に大阪の堺に伝わったといわれています。江戸時代には歌舞伎や文楽、祭り、民謡などにも使われました。日本の代表的な和楽器のひとつです。

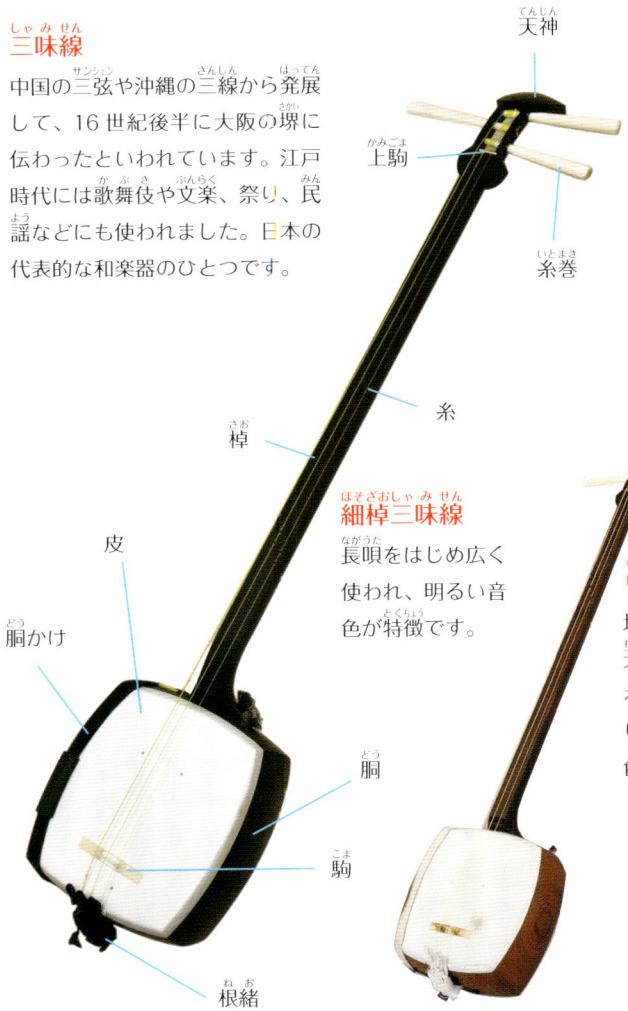

細棹三味線

長唄をはじめ広く使われ、明るい音色が特徴です。

中棹三味線

地唄・常磐津・清元・新内などに使われます。しっとりと落ちついた音色です。

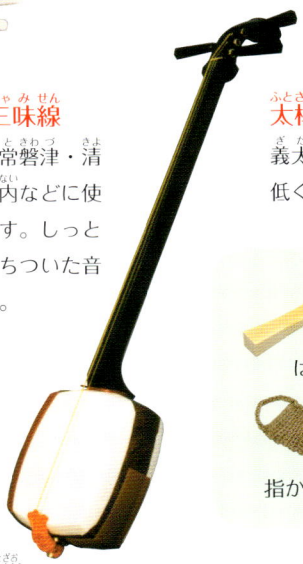

太棹三味線

義太夫や津軽三味線などに使われ、低く太い音色です。

全長・約97cm（細棹・中棹・太棹）

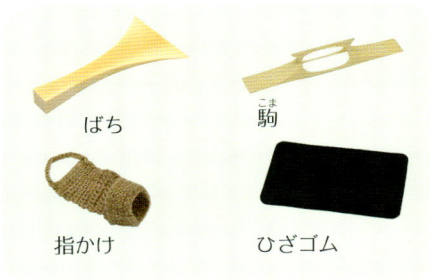

締太鼓

高さ・約15.5cm
幅・約35cm

小鼓

大鼓

能管

篠笛

篠竹で作られ、竹笛ともよばれます。歌舞伎から神楽、獅子舞、民謡と、幅広く使われます。

黒御簾（下座）音楽

歌舞伎などで、舞台下手（向かって左）の黒ぬりの御簾をたらした小部屋で演奏される音楽や効果音は、「黒御簾音楽」、「下座音楽」とよびます。演出効果を高めるための音楽で、用いるのは大鼓、小鼓、締太鼓、笛に加え、大太鼓、三味線、効果音のための打ち物などさまざまです。

祭囃子・神楽囃子の楽器

日本の各地でおこなわれるさまざまな祭り、寺院や神社からきこえてくる笛や和太鼓の音などに代表される祭囃子や神楽囃子。それらには打楽器を中心にした和楽器が使われます。

大太鼓

胴の長さが皮の直径より長く長胴太鼓ともよばれます。囃子や祭礼で使われることが多く、「和太鼓」といえばこの太鼓をイメージすることでしょう。(14ページ参照)

大締太鼓・桶締太鼓

どちらも祭りのときに使われます。桶締太鼓は胴が1枚板ではなく、桶のように何枚かの木で作られています。

大太鼓（直径30～90cm）、大拍子（直径24～45cm）など、いろいろなサイズがあります。

獅子舞

獅子の囃子にあわせて舞う江戸獅子舞。

大拍子

鼓を大きくしたような形で、竹の細ばちでたたきます。神楽囃子や歌舞伎に使われます。

江戸獅子舞の囃子

篠笛

締太鼓

当り鉦

おもに祭囃子のときに使われます。四助ともよばれます。

祭囃子

祭りを盛りあげる打ち物

祭りといえば太鼓といわれるほど、日本の祭りにかかせない楽器です。種類のちがいはありますが、日本人の心に奥深く根づいている打楽器です。

底抜屋台

屋台といえば祭りのときの飲食店を思いうかべますが、かつては祭礼で、囃子を演奏する人たちをのせる山車などのことでした。屋台の太鼓を打ちながら歩いて移動します。

祭礼用曳太鼓〈山車〉

子どもたちが綱を引っぱり、街をねり歩きます。曳太鼓は神輿が来ることを知らせる役目もあり、太鼓の大きな音は邪気をはらうといいます。

和楽器作りの技を見てみよう

箏作りのスゴ技

和楽器は美しい音色を奏でると同時に、見た目の美しさもたいせつに作られます。まずは、箏作りでのさまざまな作業から、どのような技が使われているのか見てみましょう。

箏は何でできている？

本体…桐という木でできていて、大きさのわりに軽いのが特徴です。船のようにくりぬいて、底に別に用意した板をはりあわせて作られています。
細工…紅木などのかたい木材、象牙などのほか、部分的に金属も使われます。
絃…絹やナイロンなどです。

抗菌や美しい木目を際立たせるために、表面を焼く「甲焼き」は、集中力を必要とする作業です。

箏作りの流れ

ここでは大まかな流れを紹介します。右ページでそれぞれの技を見ましょう。

1 サイズを確認

型をおいて、ひとまわり大きくしるしをつけます。

2 けずって調整

カンナでけずり、目安の大きさに整えます。

3 中をくりぬく

チョウナという道具でだいたいの深さにくりぬきます。

4 中をけずる

カンナで裏面をなめらかにけずります。

5 中を彫る

美しい「綾杉」とよばれる模様に彫ります。

6 裏板をはる

底になる板を本体の大きさにあわせてはり、「締め枠」で固定してひと晩おきます。

7 表面を焼く

焼きごてで表面に焼き色をつけます。

8 表面をこする

石膏の粉をこすりつけてから、米ぬかをまき、ブラシ状の道具でこするなどして、余分なこげを落としながら、木目を出します。

9 飾り

絃をはるための雲角や竜角、そのほか柏葉や竜舌などの飾りをつけます。

10 調絃

調絃（絃を締める作業）は販売店などでおこないます。絃ははると、のびたりいたんだりするので、購入者が決まってから調絃します。

甲羅どりの技

決められた曲線になるよう、型で曲線を確認しながら、カンナで少しずつけずって微調整をします。【箏作りの流れ 1・2】

中けずりの技

本体の厚さを決めるために、中をけずります。チョウナでだいたいの厚さにしてからカンナでなめらかにしあげます。【箏作りの流れ 3・4】

カンナでけずったもののにおいをかぐと、木の乾き具合がわかり、それによって乾燥の時間を調整することもあります。

綾杉彫りの技

箏の裏には前後に音穴とよばれる穴があります。音穴から見える本体の裏側に、少しでも音がよくなるように、ノミで細かな模様を彫ります。【箏作りの流れ 5】

甲焼きの技

鉄のこてを赤くなるまで熱したものを、表面にすべらせて焼き色をつけます。こての重さが本体に伝わると燃えたりへこんだりするので、微妙な力加減でこてを動かします。【箏作りの流れ 7・8】

余分なこげを落とすと、美しい木目があらわれます。

飾りの技

本体と絃以外の部分の細工をします。桐以外の素材を型にあわせて作り、裏に土台となる朴や桜の木などをはりあわせます。本体はその土台分浅くけずり、飾りをはめて接着剤でつけます。たいへん細かく、手間のかかる作業です。【箏作りの流れ 9】

飾りとなる紅木に土台となる木をはりあわせ、けずって大きさをあわせます。

柏葉とよばれる部分をつけるために、本体を浅くけずる前に型をとっているところです。

生田流の箏の竜尾

象牙で作られた柏葉です。象牙はかたく形を作るのがたいへんなうえ、柏葉の縁だけを残した「すかし作り」はより高い技術が求められます。

三味線作りのスゴ技

三味線は紅木などのかたい素材ほど音がよいとされ、それだけに切ったりけずったりする作業がたいへんになります。繊細な技の一部を紹介します。

棹作り

荒木というおおよその大きさに作った木材を、3つにノコギリで切り分けます。切るときはつぎ手の部分をかぎ形にします。つぎ手は、ノミやヤスリを使ってぴったりあうように調整します。その後、持つ部分を丸くけずり、天神の部分を作り、全体をみがきます。

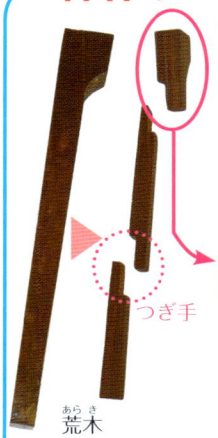

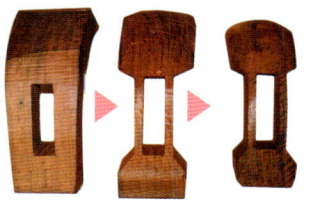

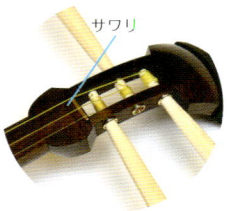

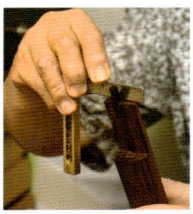

つぎ手に「ほぞ」という木の部品をつけ、その凹凸がぴたりとあうようにします。組み立てるとつなぎ目がわからないほどです。

何度も組み立てながらけずり具合を微調整します。つぎ手を1か所あわせるのに丸1日かかるといいます。

胴作り

4枚の木でそれぞれ形を作り、組みあわせて胴の枠にします。高級な三味線は、内側に模様が彫られ、より美しい音色になるように細工されます。

三味線は何でできている？

棹・胴の枠…紅木、紫檀、花梨などのかたい木材を使います。
胴の皮…猫や犬の皮を使います。練習用には合成皮革素材の場合もあります。
糸巻き・駒・ばち…象牙、べっ甲、木材、プラスチックなどが使われます。
糸…絹またはナイロンを使います。

しあげ

各パーツを組み立て、糸巻きをつけて糸をはり、駒をつけて調絃をすれば完成です。

皮はり

皮は、向きや位置を決めて大きめに切ってから、ぬらした手ぬぐいではさんで湿らせます。やわらかくなったら、のりをつける部分を軽石でこすり、木せんで皮の端をはさみます。胴のふちにのりをつけて皮をのせ、はり台にひもでしっかり固定して、皮をのばしながら締め、乾かします。

くさびを打ちこんで、さらにはり具合を調整します。

ばちのあたるほうを強くはるなど、音をききながら確認します。

尺八作りのスゴ技

竹に5つの孔をあけたシンプルな構造の楽器ですが、とても奥深い音を出すことができます。どのように作られ、どんな技が使われているのか見てみましょう。

※尺八は素材や作り手により作業の手順が変わります。ここで紹介するのは一例です。

ため

かたい植物素材を折らずにじっくり力をかけて曲げることを「ため」といいます。竹の曲がり具合を確認し、ほどよく形を整えます。

竹のかたさや曲がり具合によって力を加減します。

長さを決める

尺八の基本の長さ「1尺8寸（約54.5センチ）」のうち、下の管じりは根の部分、歌口は節の部分を使います。専用のものさしで管じりから長さを測り、歌口の位置を決めます。歌口の位置があわない場合は、中つぎで調整します。

節ぬき

竹の節にドリルで孔をあけてから、棒状の鉄のヤスリでなめらかにけずります。

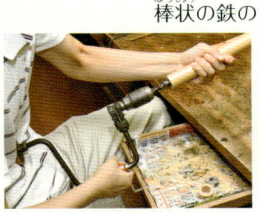

中つぎを作る

両方のつなぎ目の内側をけずり、ひとまわり小さな短い竹の筒をはめます。

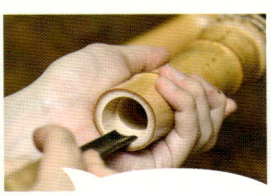

少しでもゆがむとまっすぐつながらないので、繊細な技が必要です。

尺八は何でできている？

管…真竹という竹で作られます。管じりは根の生えている部分を必ず使います。内側や「中つぎ」というつなぎ目にうるしをぬります。

歌口…息を吹きかける部分には水牛の角をはめこみます。

うるしぬり

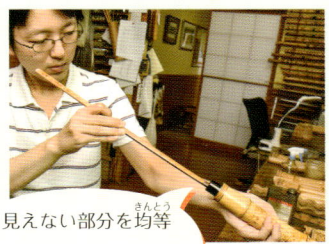

細長い道具を使い、管の内側にうるしをぬります。「下ぬり」と「しあげぬり」でうるしを使い分け、何度かぬり重ねます。うるしは竹を湿気から守ったり、音色に影響したりします。

見えない部分を均等にぬるのはたいへんな作業です。

うるしがかたまるには湿気が必要なので、箱に入れてかためます。

歌口を作る

息を吹きかける部分をななめに切り、水牛の角をはめる部分の形を切ります（流派により形はちがう）。そこに水牛の角をはめこみ、ヤスリでなめらかにします。背面のあごがあたる部分はヤスリでけずり、丸みをつけます。

指孔あけ

中つぎをつなげ、ものさしで指孔の位置にしるしをつけます。前面に4つ、背面に1つあけます。

歌口から一直線に指孔がならぶように、しっかり確認します。

和太鼓作りのスゴ技

祭りや神社などで多くの人が目にする大きな和太鼓は、長胴太鼓とよばれます。どのように作られているのでしょうか。今でも、昔ながらの方法を残しながら、手作りされています。

胴の中をくりぬく

うまくくりぬいたものは、中で手をたたくと音が響きます。

原木のまま3年以上寝かせてしっかり乾燥させます。昔は工具を使って手作業でくりぬいていましたが、今は機械でけずることがほとんどです。ただし、くりぬきが大きいと胴がうすくなって割れやすくなり、くりぬきが小さいと音の反響が悪くなるので、ちょうどよくくりぬくには職人の技が必要です。

胴の外側をけずる

カンナをかけた部分はツヤが出て、手でさわるとツルツル！

まず、機械でおおよその形にあらけずりしてから、カンナでけずり表面をなめらかに整えます。カンナがけは、年輪の中心から上下に分けてけずるのが基本です。カンナの刃の出し方と微妙な力加減、刃をあてる部分を少しずつ重ねる間隔など、どれも繊細な技が光ります。

色つけ

胴の表面にとの粉をぬって導管（木が水を吸いあげるための細い管）をふさぎ、ニスなどでツヤを出します。見た目を美しくするだけでなく、素材を長もちさせる効果もあります。乾いてから、環という金具をつけます。

長胴太鼓って何でできているの？

胴…おもに欅、または栗、栃などの太い幹をくりぬいて作ります。持ち手になる環は金属を使います。
皮…牛の皮をはり、金属のびょうを打ってとめます。

びょう打ち

皮ののばし具合が決まったら、びょうを打って皮を固定すれば完成です。腕の力だけでたくさんのびょうを等間隔で2周打ちこんでいくのは、とてもたいへんな作業です。

皮はり

皮はりは、引っぱったり、たたいたりして、皮をちょうどよい状態にのばすことです。下の作業を何度もくりかえして少しずつ皮をのばしながら、ちょうどよい音色にしていきます。

作業の音がテンポよく響きます。

皮のエンに棒を通してひもをかけ、はり台に固定して皮をのばしていきます。

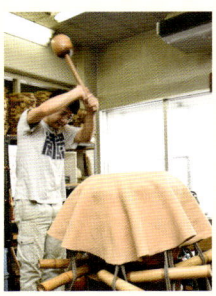

太鼓の上に毛布をかぶせ、先端が丸い木づちでいきおいよくたたき、皮のはり具合を均一にします。

ばちで皮全体をたたき音の高さを確認します。

奏者が組み立てる打ち物

奏者本人が組み立てたり分解したりして調整する楽器があります。調べというひもで、2枚の皮と胴を固定する、邦楽囃子の2つの楽器の組み立て方を見てみましょう。

締太鼓

演奏する前に調べ（ひも）を強く締め、音色を作ります。締めるときには専用の、かたい樫でできた「あげばち」を使います。

※調べを替えるとき以外は小鼓のように調べをつけたままにします。

1 上下の皮の間に胴をはさみます。必ずひざの上でおこないます。

2 たて調べを上下の皮のふちに通し、締めていきます。

3 1周したら結び、もう一度少しずつたて調べをひいて、ゆるみをとり、しっかりと締めてから結びなおします。

4 たて調べの上から横調べを三重にかけて結びます。

5 横調べの一方をあげばちにかけて足でおさえ、もう一方を片方が平らなあげばちにかけ、てこの原理を利用してしっかりと締めます。横調べを締めることで、たて調べがいっそう締まります。結びなおして結び目を整えれば完成です。

できあがり！

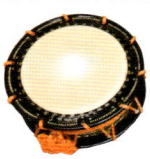

小鼓

演奏中も調べ（ひも）で調律する繊細な小鼓は、分解して収納し、演奏のたびに組み立てます。

1 左の写真のように調べを通した状態で収納しています。
ひざの上で上下に皮を広げて持ちます。

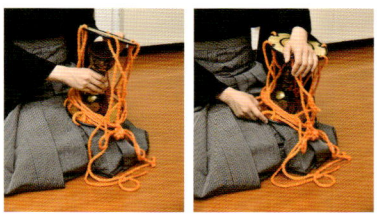

2 皮の間に胴を入れ、上から腕でおさえます。

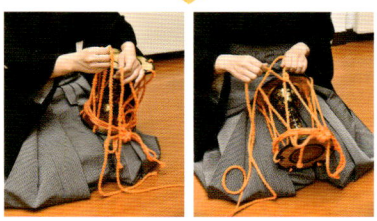

3 たて調べを、端から少しずつ引いて締めていき、ゆるみをとっていきます。

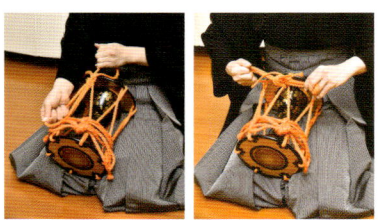

4 ゆるまないように、しっかり結びます。

5 別の短いひもで、横調べをたて調べに結んで固定します。横調べの結び目を整えたら完成です。

できあがり！

和楽器演奏の技を見てみよう

※和楽器の演奏は、流派や音楽の種類、各楽器の種類などによりちがいます。ここではそれぞれの一例をご紹介しています。

箏の演奏

箏の演奏は流れるような美しい音の連なりが特徴のひとつです。演奏にはどんな技があるのか見てみましょう。山田流の萩岡松韻さんに教えてもらいました。

基本姿勢

腰の右側が竜角より右へ出ない位置で、箏にまっすぐ向かって背筋はのばしてすわります。右手は親指・人さし指・中指に爪をはめて薬指を竜角に軽くそえ、左手は絃に軽くそえます。

山田流萩岡派の楽譜。上の段が箏、下の段が三絃（三味線）になっていて、箏では絃の名前が書かれています。

●生田流の場合●

箏に対してななめにすわり、右肩を少し前に出すのが基本の姿勢です。四角い角爪を使い、その角で絃をひくのも特徴です。

十三絃の箏の基本姿勢です。

右手の奏法

基本

親指・人さし指・中指に丸爪をつけ、親指は奥へ、人さし指・中指は手前にひき、それぞれ次の絃でしっかりとめるのが基本です。絃はかたく、指先だけではよい音は出ません。体全体でひきます。

かき爪

ならんだ2本の絃をすばやくひき、「シャン」と音がきこえるようにする奏法です。

引き連

中指で、壱・弐をかき爪してから手前（高い音）へなで、最後に為・巾をひきます。

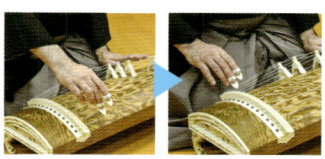

輪連

中指の爪のわきで、右上から絃の表面をする感じで、左の方向へ輪を描くように動かします。

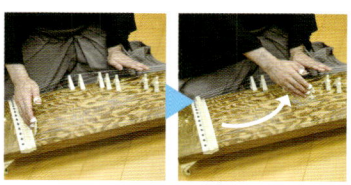

左手の奏法

基本

左手で柱の10～15センチ左側の絃をおすことで、箏の甲につくまでおすと一音高く、途中までおすと半音、音を高くすることができます。この技を使い、「押し手」では絃をおして音程を変えてからひきます。「押し放し」では絃をおしてひいてから放し、「後押し」ではひいてからおすなどして、音程を変えて音色に変化を出す奏法があります。

調絃

箏は演奏のとき以外は柱をはずしておきます。演奏ごとに柱を立て、柱の位置を動かして音階を調整します。平調子や雲井調子など、曲にあわせて調絃します。曲によっては、途中で転調する場合もあります。

※箏の場合、絃と書いて「いと」と読むこともあります。

三味線の演奏

三味線は、長唄や民謡などいろいろな音楽で使われます。３本の糸で奏でる幅広い音色は、どのように生まれるのでしょう。長唄東音会の東音小島直文さんに教えてもらいました。

基本姿勢

背筋をまっすぐのばしてすわり、三味線の胴を少し手前にかたむけて右ももに乗せ、胴かけの上にばちを持った右手を乗せて、三味線を固定します。左手は肩をあげないようにして、棹を下からささえる形でかまえます。

長唄の楽譜です。写真上は古典の曲、下は小島さんが作曲した手書きの楽譜です。

立奏

長唄の中の大薩摩という音楽で、立って演奏をするときには台（合引）に右足を乗せてかまえます。

ばちの持ち方

人さし指・中指・薬指を曲げ、そこにばちをおき、小指を内側にかけ、親指をばちの広がった部分に乗せると、安定した形になります。ひくときは手首を直角に曲げます。

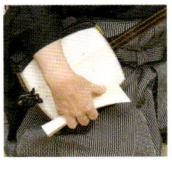

足と右手だけでささえる

ひざゴム

三味線の胴を乗せる部分にはひざゴムというすべり止めをはさみ、右手を上から乗せるだけで、三味線をささえています。左手をおろしても三味線が動かない状態が正しい姿勢です。

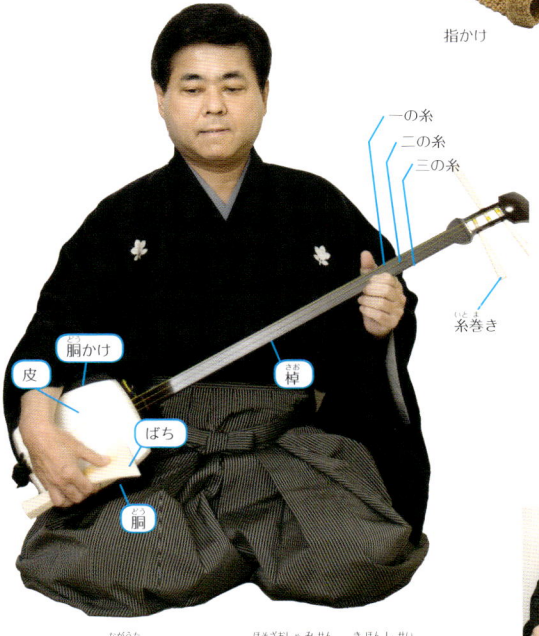

長唄などで使われる細棹三味線の基本姿勢です。

指かけ

指かけですべりよく

左手は棹にそって、上下にす早くなめらかに動かすために、人さし指と親指に指かけをはめます。

調絃

三味線の糸は奏者が自分でつけて演奏前に曲にあわせて調絃します。曲の途中で転調するときは、かまえたまま、感覚だけで一気に糸巻きを動かして調絃する技も必要です。

右手の奏法

基本

ばちをふりあげ、一気にばち先を糸にあて、ばち皮までふりおろします。糸を見ずに３本の糸をひき分けるには修練が必要です。

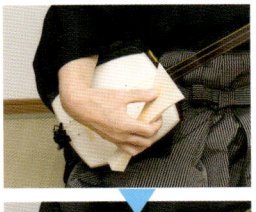

スクイ

三味線の糸をひき、そのままばち先で糸をすくいあげる奏法です。

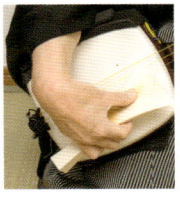

カエシ

手首を返し、ばちの裏側で下から上へ糸をひきます。三の糸から一の糸へ連続してひくときに使います。

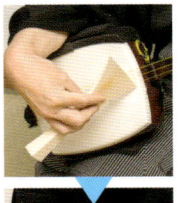

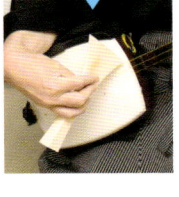

左手の奏法

基本

親指のつけ根に棹をあて、人さし指を曲げて指先と爪で上からしっかり糸をおさえます。中指と薬指も使います。棹には音階のしるしがありません。その中で、上下に左手を動かして音階を作る技が求められます。おさえる位置は「勘所」といわれ、耳や体で感覚を養います。

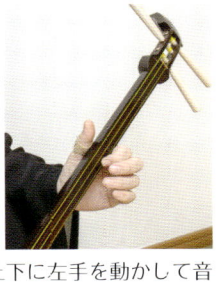

ハジキ

左手の指で糸を下にはじいて、強い音を出す方法です。写真は薬指ではじいていますが、おさえる勘所により、３本の指を使い分けます。

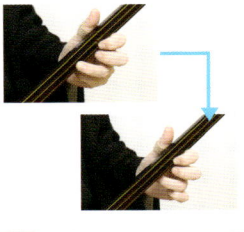

スリ

指で糸をおさえたまま、上下に動かす奏法です。音階では表現できない音色が生まれます。

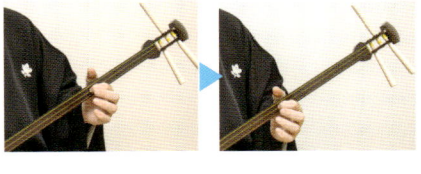

能管の演奏

音程をあえてくるわせるように作られた笛・能管は、物語の登場人物の気もちや場面の情景を表現する独特な楽器です。この演奏の技を邦楽囃子の笛方の竹井誠さんに教えてもらいました。

基本姿勢

体はななめ右側に向け、姿勢を正し、顔は前を向いてすわります。能管をひざの上で持ち、かまえてから口元にもっていくのが基本です。能管は床と舞台に対して平行になるように持ちます。吹くときは、くちびるをうすくあけて歌口の奥側の縁に息をあて、音を出します。

能管の楽譜となる唱歌集。

立奏

左足を前に向け、右足先を右に向けてさげ、すわるときと同様に体をななめに向けて立ちます。腰をしっかり固定し、上半身は肩の力をぬいてゆったりかまえます。

能管と体の角度の関係

能管を舞台に対して平行にすると、自然と右肩は後ろにさがります。そのため、横笛奏者は基本的に体をななめ右側に向ける姿勢で演奏することになります。

能管演奏（邦楽囃子）の基本姿勢。

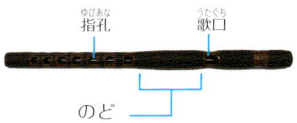

歌口と指孔の間に細い竹管が入れてあり、それにより管内の空気の流れが変化し、あえて音程が不規則になるようにしています。

3つの支点でささえる

基本的に能管は、口・右手親指・右手小指の3点でささえ、バランスをとっています。ほかの部分に余分な力を加えると、指がなめらかに動かしにくくなるなど、演奏にも影響が出てしまいます。

特徴的な奏法

ヒシギ

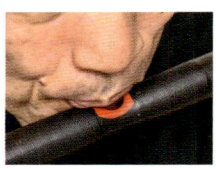

長唄などで使われる能管の特徴的な吹き方で、曲のはじまりや終わりなどで入ります。いきおいよく息を吹きこみ高い音を響かせる奏法です。

ネトリ

「ヒュ～ドロドロ」といえば幽霊が出てくるときの効果音として知られています。この「ヒュ～」の部分が能管の演奏で、ネトリといわれます。高い音で、「のど」の効果による微妙な音程が不気味な雰囲気を出すのにちょうどよいようです。ちなみに、ドロドロは大太鼓の演奏です。

差し指

唱歌（右参照）での「オヒャー」を例にとると、低い音から高い音に一気にあげてからすぐ少しさげてもどすなどして、歌の「こぶし」のような音律を加える演奏方法です。演奏の中で装飾的に用いる技です。

唱歌の「オ」で、右2つの指孔以外をふさいでから、右側から順に指孔を開いていき、全部の孔を開きます。

唱歌の「ヒャー」で、左手3つの指孔をふさいでから、薬指だけあけます。

●邦楽の楽譜「唱歌」●

現在では和楽器の演奏にも楽譜がありますが、昔は口伝えで教え、教わっていました。その声による楽器演奏の表現方法を、唱歌といいます。笛の唱歌の例として、左に能管の「オヒャー」を紹介しましたが、その声の中に音の高低だけでなく奏法の情報もふくまれているのです。和楽器の楽譜は、この唱歌をそのまま書いて表現しているものが多くあります。

尺八の演奏

指孔はたったの５つという、とても素朴な楽器だからこそ、尺八には特有の技があります。特徴的な太いかすれた音色を生かす演奏方法など、琴古流の青木彰時さんの技を見てみましょう。

基本姿勢

背筋をのばし、上半身の力をぬいてすわります。尺八は、歌口を口元にあて、右手の親指と中指ではさみ、この３点でささえるのが基本です。左右の手を逆にしてもかまわないともいわれ、これは左右対称の形をしたたて笛ならではでしょう。

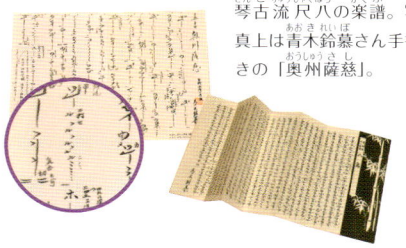

琴古流尺八の楽譜。写真上は青木鈴慕さん手書きの「奥州薩慈」。

吹く角度の作り方

尺八は歌口のエッジの部分に向かってくちびるをうすくあけて息を吹き、管の内側と外側に半々に息を出して音を出します。その角度を作るには、尺八の歌口のエッジをくわえ、床と水平に持ち、そこから歌口の手前をあごにあててゆっくり角度をさげてかまえると、ちょうどよい角度になるといわれています。

人間国宝の二代目青木鈴慕さんの舞台演奏です。

虚無僧から発展した尺八

虚無僧とは仏教の禅宗の一派の僧侶のことで、尺八を吹くことも修行としていました。竹の中に響く風のような音で精神をみがき、自然と一体となることを目指したといいます。尺八を吹きながら歩く虚無僧は、江戸時代にはあちこちで見られたようです。

ムライキ

くちびるを少しゆるめて強く息を吹きこむことで、あえて音に不規則なゆらぎやかすれを表現する奏法です。吹きすさぶ風のようなこの音は、尺八の特徴のひとつです。

特徴的な奏法

あごの角度と指孔で音階を作る

尺八は５つの指孔を閉じたり開いたりする以外でも音階を作り出す楽器です。あごをつき出して音程をあげたり、あごを引いて音程をさげたりできます。さらに指孔を半分あけて半音あげることもできます。これらを微妙に変化させることで、さらに中間の音の表現も可能になります。また、指孔とあごの動きを組みあわせて１音さげる音などもあります。あごを上下させ表現するビブラートの効果を「ユリ」といいます。

あごをあげて半音あげる「カリ」奏法。

あごをさげて半音さげる「メリ」奏法。

指孔を半分あけて半音あげる奏法。

コロコロ／カラカラ

指を細かく動かし、指孔を開閉する奏法です。「コロコロ」は下の手の人さし指と薬指を交互に速く動かします。「カラカラ」は下の手の薬指だけ速く動かします。どちらも、指があがっているかいないかわかりにくいほど、微妙な動きです。

押し

同じ音を続けて吹くとき、リコーダーなどでは舌を打つ「タンギング」で表現しますが、尺八ではちがい「押し」という奏法を使います。息を吹いたまま、１つ上の音をほんの一瞬出すように指を動かしてもどす、という方法です。

締太鼓の演奏

能楽や長唄、邦楽囃子、祭囃子などでも使われる締太鼓は、その音楽によって演奏方法は変わります。ここでは邦楽囃子の藤舎呂雪さんに締太鼓演奏の技を教えてもらいました。

基本姿勢

姿勢を正してすわり、締太鼓は少し右側を前に出し、ななめにおきます。能楽での「かつぎばち」という奏法で打ちやすいおき方です。肩の力はぬきますが、ひじは少し横にはるようにし、ばちを八の字にして先をそろえ、皮の中心にあててかまえます。

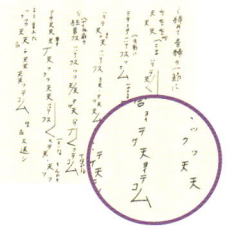

締太鼓の「手附」とよばれる楽譜です（長唄「蜘蛛の拍子舞」より）。手書きで写して使います。

やや前かがみに

締太鼓のかまえを横から見ると、締太鼓をひざからはなしておき、背筋をのばしたまま少し前かがみになっています。この姿勢を維持して太鼓を演奏します。

邦楽囃子の締太鼓の基本姿勢です。

ばちの持ち方

ばちは端があまらないように小指と薬指でにぎります。親指と人さし指でゆるい輪を作り、その中でばちが動く感じです。ばちはかたくにぎると音が悪くなるので、力を入れずに持ちます。

太ばちと細ばち

邦楽囃子では太ばちと細ばちの両方を使うことがあります。太ばちは能楽で使われるもので、細ばちは里神楽などからきた奏法といわれています。細ばちでは、締太鼓を少し手前によせてひじを曲げて打ちます。

打つのは中心だけ

皮の中心と端の音のちがいを使い分ける太鼓もありますが、締太鼓の場合は皮の中心にはってある「ばち皮」という部分だけを打ちます。調べ（ひも）の締め具合で音程を決め、ばちの種類や打ち方などで音色を使い分けます。

特徴的な奏法

かつぎばち

能楽からの奏法です。左手を右肩にかつぐようにあげ、ふりおろして打つのと同時に右手を目の高さくらいまであげて自然に打ちます。

打つばち

両手を目の高さくらいまであげ、肩から腕をあげさげして右から交互に打ちます。大きな動作で見た目にも優雅な奏法です。

つけばち

ひじから先を動かし、ばちを皮からあまりはなさずに、ばち皮につけて打つ奏法です。速いテンポで打つときに使いますが、さらに速いテンポにする場合は手首の動きで打ちます。

かけ声も演奏のひとつ

日本の古典音楽をきいていると、「イヤ〜」「ハッ」「ヨイ」などの声が入ります。指揮者がいないため、各楽器の間合いによるかけ声が、テンポを決めたり強弱を決めたりと重要な役割をするのです。締太鼓、小鼓、大鼓などそれぞれでかけ声を入れる間合いは決まっています。そこに音階をもつ三味線や箏奏者によるかけ声も入ります。これらが複雑に入ることで、曲を華やかにしたりいきおいをつけたりすることもあります。

小鼓の演奏

小鼓は、調べというひもを使ってのびのある音を作り出します。演奏しながら調子を整えるのも技のひとつです。邦楽囃子の盧慶順さんに教えてもらいました。

基本姿勢

姿勢を正してすわり、左手で小鼓の調べをにぎって右肩にのせ、右手を皮につけてかまえます。小鼓の表皮は正面やや下向きにし、裏皮は耳たぶの前にくるようにします。体の軸はまっすぐ保ちます。

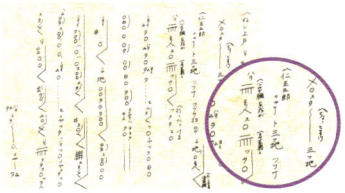

小鼓・大鼓の「手附」とよばれる楽譜です（長唄「蜘蛛の拍子舞」より）。手書きで写して使います。

かまえるまでの作法

小鼓の表皮を正面に向けておいておきます。左手で調べをにぎり、手の甲を上にしてひざにおきます。それから小鼓を右肩に乗せて基本のかまえにします。

小鼓のにぎり方
たて調べといっしょに、人さし指から小指で横調べもにぎります。

特徴的な奏法

調べの強弱でよいんを作る

小鼓は演奏中に調べをにぎったりゆるめたりして音を変化させるのが特徴です。打つと同時ににぎる、打つ前ににぎり打ってからゆるめるなど、いろいろな組みあわせをしてのびのある音を作ります。

邦楽囃子の小鼓の基本姿勢です。

乙の音

低い音の奏法です。右手をひざまでおろし、いきおいよく皮の中央を打ちます。ポンと１回打つ間に、次のような作業がおこなわれます。①調べをゆるくにぎる→②中心を打つ＋調べを少しにぎる→③調べをゆるめる。

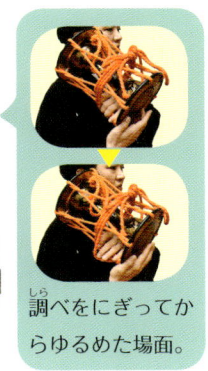

調べをにぎってからゆるめた場面。

甲の音

乙より高い音です。調べを強くにぎっておき、皮の端を、薬指で打ちます。

演奏中の調律

小鼓は湿度を好む楽器なので、演奏中は音を聞きながら湿度を保つくふうをするのも、演奏者のたいせつな仕事です。とくに演奏会などでは会場は乾燥しやすいうえ、舞台のライトによる乾燥も心配なところです。繊細な楽器なので、よい音を出すための細かい気配りが、演奏に大きく影響します。

調子紙をつける

細く切った和紙を用意しておき、和紙をなめて湿らせ、それをちぎって裏皮にはりつけます。

息で湿度をあたえる

皮に息を吹きかけて湿り具合を調整します。

調べを整える

演奏中に調べをにぎったりゆるめたりするので、はり具合のバランスがくずれることもあります。演奏の合間などに調べを指にかけ、あやとりのように開いたり閉じたりして、均一になるように調整します。

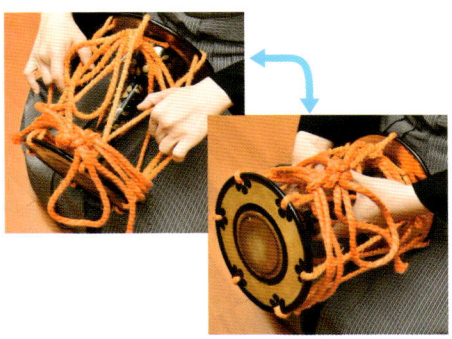

和楽器のある祭り

日本各地でおこなわれる祭りでは、神様を迎えるために、神輿や音楽でもてなしたり、芸能を奉納したりする祭りがあります。和楽器の活躍する、いろいろな祭りを見ていきましょう。

盛岡さんさ踊り（岩手県盛岡市）

この祭りはその昔、南部盛岡城下の鬼退治の伝説に由来しています。境内の三ツ石に鬼の手形をおさせ退治したよろこびで「さんささんさ」と踊ったのがはじまりといわれています。毎年8月1日～4日まで開催され、「サッコラチョイワヤッセ」というかけ声とともに踊り手が舞い、2014（平成26）年に和太鼓同時演奏で世界記録を達成した、和太鼓の祭りとしても有名です。

三社祭（東京都台東区）

1312（正和元）年から三社の神話にもとづいてはじまった、江戸（東京）の祭りです。毎年5月におこなわれます。名前は、浅草神社例大祭で、勇ましい神輿のくり出し、東京都指定無形民俗文化財のビンザサラ舞や江戸囃子などの奉納がおこなわれます。

おわら風の盆（富山県富山市八尾町）

江戸時代の1702（元禄15）年ごろから、町の祝いごとの際に町内を練り回ったのがはじまりといわれています。やがて二百十日の風の厄日に大風を鎮め豊年満作を祈るため9月1日から3日におこなわれるようになりました。三味線、胡弓などにあわせ、そろいの浴衣と編笠で歌い踊る、幻想的で優美な祭りです。

出雲神楽（島根県雲南市）

出雲神楽は、400年以上前から島根県東部で伝えられている神事です。この地域では市・町の神社・保存会など50以上もの団体に受けつがれています。能の流れをくみ、優雅さが特徴ですが、一方はげしさもあります。写真の「茅の輪」は、神話の須佐之男命の物語で、茅の輪（カヤ草の輪）により疫病を退散させ子孫繁栄を願う、舞と囃子の神楽です。

小河内神楽社中の「茅の輪」

那智の田楽（和歌山県東牟婁郡那智勝浦町）

600年以上前から続く那智の田楽。田楽とは田植えなど農業の儀礼でおこなう踊りのことです。熊野那智大社で7月14日に、和楽器のビンザサラ、太鼓、笛、シテテン（小鼓）を用い12人で踊り演奏されます。国の重要無形民俗文化財に指定され、2012（平成24）年ユネスコ無形文化遺産にも登録されています。

ビンザサラ

田楽舞

壬生の花田植（広島県山県郡北広島町）

太鼓をたたき笛を鳴らして、田植唄を歌いながら大勢で田植えをする行事です。稲作の無事と豊かな実りを「田の神」に願います。農耕で活躍した「飾り牛」がくり出し、太鼓や笛の音にあわせて早乙女たちが田植えをします。2011（平成23）年にユネスコ無形文化遺産に登録されています。

飾り牛

花田植

小倉祇園太鼓（福岡県北九州市）

小倉祇園太鼓は全国でもめずらしい両面打ちが特徴です。太鼓の皮のはり方を変え、1面はドロという基本調のリズムで「ドンコドンコ」、もう1面はカンという「ドンコ・ドンコ・スットンスットンドコドコドドンコドン」と高い音を打ち出します。リードするのはチャンガラ（すり鉦）です。

祭りの起源は1617（元和3）年ごろ。明治時代からは太鼓をのせた山車にかわり、太鼓祇園といわれる勇ましい祭りです。県指定無形民俗文化財でもあり、そろいの浴衣に身を包んだ100チーム以上が、伝統の太鼓の打法を競いあう競技会も開催されます。

両面打法とチャンガラ（すり鉦）

据え太鼓勢揃い打ち

平敷屋エイサー（沖縄県うるま市）

200年以上も受けつがれてきたエイサーは、盆と同じで祖先の霊を迎え、送るための踊りです。県全土でおこなわれますが、地域でスタイルがちがいます。うるま市の平敷屋地区では三線に太鼓のパーランクーを持った男性と女性の手踊りが加わります。男性は白黒の同じ衣装ではだしになり、手にはパーランクーを持ちます。一糸みだれぬばちさばきは、エイサーの見どころのひとつです。

エイサーの踊り

ハワイの盆踊り（アメリカ合衆国ハワイ州）

アメリカのハワイ州は、日本と深いつながりがあり、オアフ島、ハワイ島をはじめ6つの島の100か所で盆踊りがおこなわれます。日本人や日系人の多いハワイでは、6～9月はボンダンスとよばれる祭りのシーズンです。日本の歌や踊り、そして近年では和太鼓が人気をよび、たくさんの和太鼓のグループが演奏します。

ボンダンスと和太鼓

水道管尺八作りにチャレンジ！

ホームセンターなどで買える水道管を使って尺八と同じような楽器を作ることができます。小さな手でも演奏しやすいよう、1尺6寸（481ミリ）のサイズで作ってみましょう。

用意するもの

材料

- 水道管＜塩化ビニール管＞（内径20ミリ、長さ約50センチ）…1本（ア）

道具

- シンナーまたは除光液
- いらない布
- 鉄ヤスリ（イ）
- 紙ヤスリ（240番手）（ウ）
- 丸棒（筆の柄などでよい）
- メジャー（エ）
- えんぴつ
- ノコギリ（ビニール管やアクリル用、竹用など）（オ）
- キリ（カ）
- ドリル（口径10ミリ用。手動でも電動でもどちらでもよい。写真は手動）（キ）
- 消しゴム

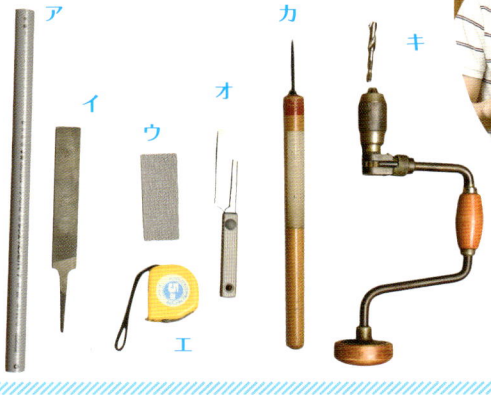

作り方

1 布にシンナーか除光液をつけ、水道管に印刷された文字をこすって消します。薬剤がはだにつかないよう、ゴム手袋などをはめて作業しましょう。

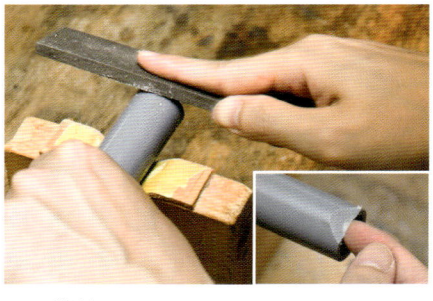

2 歌口を作ります。鉄ヤスリで切り口をななめにけずります。内側まで少しけずるくらいが目安です。

3 丸棒に紙やすりを巻きつけ、**2**でけずった部分に残ったうすいまくをけずりとります。

4 メジャーで、歌口から481ミリのところにえんぴつでしるしをつけ、ノコギリで切ります。切り口は鉄ヤスリでなめらかにけずります。

5

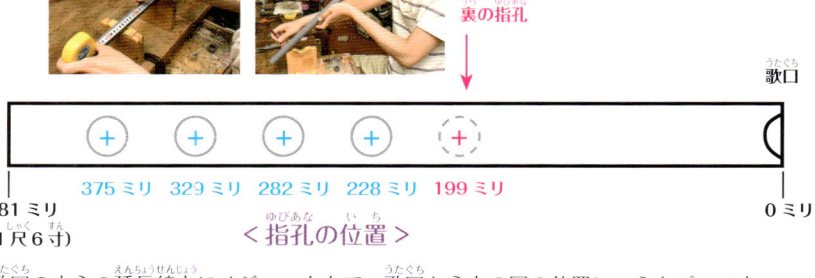

歌口の中心の延長線上にメジャーをあて、歌口から上の図の位置に、えんぴつで十字にしるしをつけます。まっすぐならんでいるか、歌口側から見て確認しましょう。

6 5でつけた十字の交差点にキリでしるしをつけます。管が動かないよう大人の人におさえてもらい、しるしの位置にキリを立てます。持ち手を両手ではさみ、前後にすりあわせてキリを回し、途中まで孔をあけます。ドリルを使いやすくするための作業なので、キリ先は通りぬけなくてもだいじょうぶです。

7 ドリルの先端を6の孔にあて、ドリルを回して直径約10ミリの孔をあけます。むずかしければ、大人の人にやってもらいましょう。

8 裏側の指孔をあけたところです。管の向こう側まで孔をあけないように気をつけましょう。

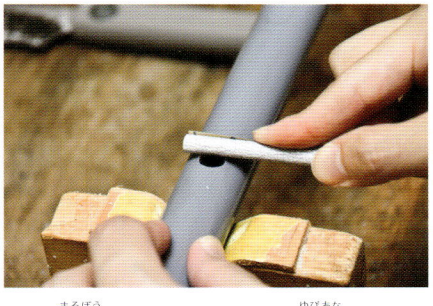

9 丸棒に紙やすりを巻き、指孔のふちをけずり、なめらかにします。

10 あごにあたる部分を鉄ヤスリで丸くけずります。

11 10でけずった部分のふちを丸棒に巻いた紙ヤスリでけずり、ななめになった面を消しゴムに巻いた紙ヤスリでけずり、なめらかにしあげます。

できあがり！

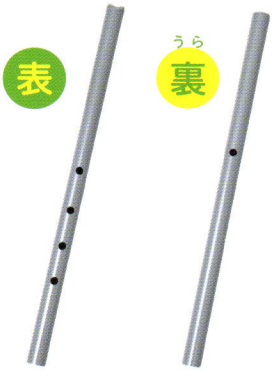

水道管尺八を吹いてみよう

持ち方

右手を下、左手を上にして自然に持ちます。右手の中指を一孔と二孔のまん中あたりにあてて親指とはさんで持ち、歌口に息を吹きかけられるように、手前をあごにあててかまえます。歌口に向かって息を吹き、音が出る角度を探しましょう。

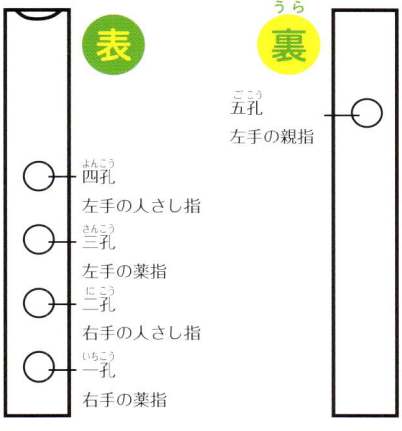

指孔おさえと音の例

●はおさえる指孔、
○はおさえない指孔です。

唱歌	ロ	ツ	レ	チ	リ
五孔	●	●	●	●	●
四孔	●	●	●	●	○
三孔	●	●	●	○	○
二孔	●	●	○	○	●
一孔	●	○	○	○	●
音階	ミ	ソ	ラ	シ	レ

もっと和楽器を知ろう

和楽器は、日本の四季の移り変わりや、自然の豊かさやきびしさ、風の音、鳥や虫の声など、自然に親しむ音を表し、それはわたしたちのくらしに深い関わりがある音です。音を楽しむ文化、音楽を生み出し伝えた人たち、アジアの中の楽器をたずねてみましょう。

●音を楽しむ日本の文化

音の出る道具がたくさん

みなさんの身のまわりにある、音が鳴る道具を探してみましょう。お守りやキーホルダーには小さな鈴がついていませんか。赤ちゃんが手にするおもちゃにも鈴がありますし、ほかにも、小さな玉をゆらして鳴らす「でんでん太鼓」もあります。正月にあげる凧の中には、風を受けてセミの鳴き声のような音をたてるものがあります。夏になると、家の軒先に風鈴をつるします。祭りの夜店に行けば、小鳥や虫の声をまねる小さな笛を見かけます。夏の夜を彩る花火は、音を出す道具には見えませんが、もし音がなかったら少し迫力も減りますね。

音のあるくらし

日本庭園には、流れる水の重みで竹筒がシーソーのように動いてさわやかな音をたてる「ししおどし」というしかけがあります。相撲では呼出が太鼓や拍子木を打ちます。少し前までは、町を売り歩く豆腐屋さんがラッパを、ラーメン屋さんがチャルメラを鳴らしていました。寺院に行くと、僧侶がお経を読む時に使う木魚のほか、太鼓や金属の鳴り物を見かけます。一年の終わりを締めくくる「除夜の鐘」は寺院にある大きな鐘（梵鐘）の音です。

音を楽しむ文化

身のまわりにある、これらの音はふつう、「玩具」や「小道具」、「鳴り物」などとよばれ「楽器」とはいわないかもしれませんが、日本には実に多くの音を出す道具があります。これだけ多くの音を出す道具をもった国は世界中でもめずらしいと思います。これらは日本人の生活を彩り、祈り・遊び・くつろぎといった場面を作り出すたいせつな道具です。日本には、こうした道具によって日常的に音を楽しむ文化があるのです。これらの道具を日本の文化で生み出された楽器とよび、和楽器をそうした道具の仲間と考えてみれば、和楽器がもっと身近なものに感じられるのではないでしょうか。

でんでん太鼓

ししおどし

風鈴

梵鐘（曹洞宗大本山總持寺）

木魚（黄檗宗太本山萬福寺）

●日本の音楽を生み出し、引きつぐ楽器たち

和楽器はいつごろから

実は、鈴は二千年以上前の弥生時代にはすでに日本にあった楽器のひとつで、弥生時代の遺跡から見つかる銅鐸も、もともと音を出す道具だったことが、最近確かめられました。同じころ、木の板や箱に絃をはった、琴にあたる楽器もありました。4～5世紀ごろの埴輪からもその様子がわかります。鈴や銅鐸、琴は、神や先祖に祈りや祭りをささげる人たちが使ったと考えられています。

弾琴埴輪

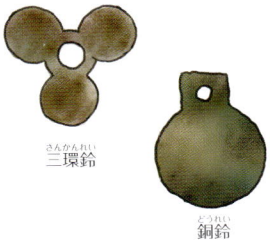

三環鈴

銅鈴

弥生時代の鈴

飛鳥・奈良時代から室町時代へ

飛鳥時代から奈良時代（6～8世紀）には、朝鮮半島や中国から大がかりな音楽と踊りが日本に多く伝わってきました。これが現在の雅楽の元になりました。雅楽は、それまでにあった歌や踊りとも結びついて、天皇や貴族たちの間で、また大きな寺院や神社で、さかんに演奏されました。奈良時代の天皇の持ち物を納めた正倉院には、琵琶や笙など、当時の楽器が今でも残されています。

室町時代（14～16世紀）ごろ、それまであった芸能や宗教行事の要素を生かしてできあがった、仮面を使って演じる舞踊演劇が能です。能は観阿弥・世阿弥の親子がその基本的な形を完成させました。幻想的でまじめな内容をもつ能に対して、日常の人々の様子をおもしろく描いた狂言という劇もあり、能と狂言はよくいっしょに演じられます。江戸時代（17～19世紀）には、能がとても重んじられたので、多くの武士が能を熱心に学びました。

『餓鬼草紙』（国立国会図書館所蔵）

『今昔操年代記』（東京大学総合図書館所蔵）

江戸の音楽は大にぎわい

一方、江戸時代の町人たちは、当時の新しい楽器である三味線をいち早く取り入れた音楽に親しみました。関西では人形芝居と、義太夫節という三味線音楽が結びついて、文楽という人形劇ができました。さらに三味線音楽に流行の踊りや、文楽、能、狂言の要素などが結びついて、歌舞伎という演劇が完成しました。歌舞伎は映画やテレビのない時代に、その時々の流行や事件を人々に知らせる、時代の最先端をいく人気の芸能でした。

もともと雅楽の楽器だった箏も、江戸時代はじめに三味線音楽とであいました。八橋検校という音楽家が有名な箏の独奏曲「六段」を作曲しましたが、その後は三味線と箏の合奏がふつうになりました。これに尺八（または胡弓）を加えた3種類の楽器の合奏を「三曲」とよびます。武士や町人の間でも、ちょうど今のピアノのように、おけいこごととして箏曲を習うことがはやりました。箏は上品な趣味として、特に女性にとってはあこがれの的でした。

「江戸名所百人美女」『赤さか氷川』（都立中央図書館特別文庫室所蔵）

「江戸名所百人美女」『吉徳稲荷』（都立中央図書館特別文庫室所蔵）

●三味線のはじまりと広がり

三味線の祖先は

和楽器の代表ともいえる三味線。しかしその起源がどこにあるのか、はっきりとはわかっていません。三味線のように長い棹をもち、絃をはじいて演奏する楽器が古代のエジプトにあり、今でもイラン、トルコから中央アジア、チベットにかけて広がっているので、おそらく西アジアに起源があるのではないかと考えられています。三味線の直接の祖先といえるのは中国の「三弦」という楽器です。その名のとおり3本の絃をはり、丸みをおびた胴体にニシキヘビの皮をはります。大型の「大三弦」と小型の「小三弦」があり、このうち中国南部で使われている小三弦が琉球王国（現在の沖縄県）に伝わり、やがて三線になったとされています。

三弦（中国）

三線から三味線へ

三線は、ニシキヘビの皮をはるところは三弦と同じですが、水牛の角で作った爪を指にはめて演奏します。この三線は琉球王国でさかんに用いられました。特に士族という上流階級の男性にとって、この楽器は教養のひとつとされました。現在でも三線は沖縄を代表する楽器として、歌や踊り、芝居の伴奏に活躍しています。第二次世界大戦で焼け野原になった時にも、沖縄の人たちは空き缶などを材料に「カンカラ三線」を作り、その音楽で心の傷をいやしました。

その三線にあたる楽器が16世紀半ば（室町時代の終わり）ごろ日本本土に伝わりました。これが三味線のはじまりです。その最初の窓口は大阪府の堺であったといいます。この新しい楽器を手にしたのは、当時全国で活躍していた琵琶法師という人たちでした。琵琶法師とは、琵琶をひきながら平家物語を歌い語る、目の不自由な音楽家です。そのためか、三味線は三線よりも琵琶に似たところがあります。先が広がった大きなばちを使うところ、絃をひいた時に「ビーン」と鳴るような響きがするところなどです。胴体にニシキヘビではなく猫の皮をはるようになったのもこのころからです。

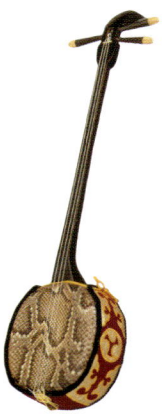

三線（沖縄）

三線の爪

三味線の広がり

17世紀、江戸時代に入ると三味線はまたたく間に広まりました。このころは文楽（人形浄瑠璃）や歌舞伎といった、新しい芸能や音楽が次々に生まれる時代でもありました。三味線は、それら新しい音楽にかかせない楽器となりました。しかもその音楽の種類にあわせてもっともふさわしい音色が出せるように、胴体の大きさ、重さ、棹の太さ、皮の厚さ、ばちや駒の大きさなどを少しずつ変えた三味線が何種類も生まれました。微妙な音色のちがいにこだわりをもつ、日本人の音の楽しみ方が、三味線音楽を豊かなものにしていったといえます。

三味線

沖縄の楽器を知る

沖縄県は19世紀までは琉球とよばれた独立した王国でした。歴史や文化も日本本土とはちがい、日本のほかの地域とくらべて音楽も独特の発展をしてきました。音楽と踊りは切り離せないもので、宮廷音楽の流れをくむ古典音楽と庶民の間に広がる島唄（民謡）にわかれていました。楽器としては中国から伝わった三線やクーチョー、竹笛のファンソウ、カスタネットのように打ち鳴らす三板、パーランクーなどの太鼓類があります。

パーランクー

ファンソウ（琉球笛）

三板

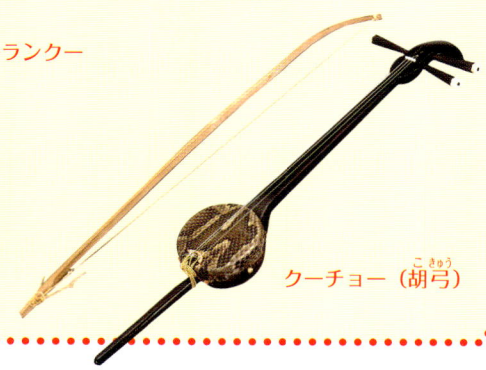

クーチョー（胡弓）

●アジアの中の和楽器

和楽器のきた道

実は三味線だけでなく、箏、琵琶、尺八といった和楽器の大部分は日本以外の外国から伝わってきたものです。その歴史がはっきりしない楽器も、よく似たものがアジアの各国に見られます。和楽器の親戚ともいえるアジアの楽器にはどんなものがあるでしょうか。

琵琶の祖先は遠くペルシア（イラン）にあるといいます。アジアの東西をつなぐ道、シルクロードを通ってこれが中国に入り、奈良時代に日本に伝来しました。この楽器は同じシルクロードを通ってペルシアから西にもわたりました。アラブ地域ではウードという名前で、今でもよく演奏されています。さらにウードがヨーロッパに伝えられたものがリュートです。リュートはバロック時代（17～18世紀、バッハやヴィヴァルディが活躍したころ）まで非常に流行しました。

箏も中国から来ましたが、韓国の伽倻琴も箏にたいへんよく似ています。ただし伽倻琴はつけ爪を使わずに指でひきます。楽器をひざの上において演奏するところもちがいます。箏の仲間は中国、韓国のほかにモンゴルやベトナムにもあり、みな胴体が丸みをおびた、かまぼこのような形をしています。

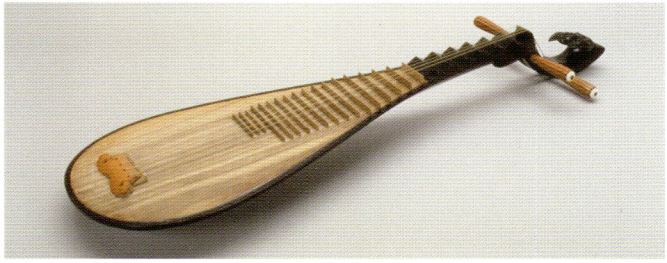

中国の琵琶

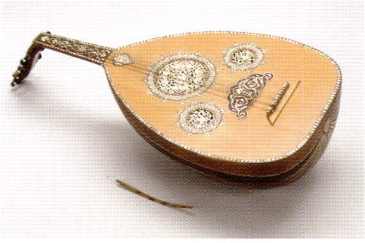

ウード

リュート

伽倻琴

人の手から手に

絃楽器にくらべると、笛や太鼓はそのルーツがはっきりしないものが多くあります。歴史がわからないくらい古くからある楽器だからでしょう。ところで和楽器の笛というと、尺八を別にすれば、たて笛より横笛のほうがふつうです。しかし世界的に見ると、むしろたて笛のほうが多く見られます。管を横にして吹く笛は、インドを中心に、アジアとヨーロッパに帯のように広がっています。この帯は非常に長い時間をかけてできた文化の流れです。その中に日本の笛もある、ということだけがわかっています。

機会があったら、和楽器の親戚たちの音をぜひきいてみてください。文字も記録もない時代から人々が音楽に親しんできたこと、ひとつの楽器が音楽をする人の手から手にわたり、時には数万キロにおよぶ旅をしてきたこと、和楽器とその親戚は、そうした人間の営みを教えてくれる貴重な文化遺産であることがわかるでしょう。

北インド古典音楽の演奏風景。右端がバーンスリー（横笛）、絃楽器は中央のシタール、右後ろがタンブーラー、打楽器は左後ろのタブラです。

和太鼓の仲間たち

打楽器である太鼓は、世界各地のいろいろな民族に伝わっています。作られている材料や色づかい、そして形も本当にさまざまです。ここで紹介する世界の打楽器はごく一部ですが、鼓に似た形の物や、でんでん太鼓のような物などが見られます。

ダラブッカ（エジプト）

ダマル（チベット）

トーキングドラム（ブルキナファソ）

杖鼓（韓国）

コンガ（キューバ）

●広がる和楽器の活躍

和楽器は日本の古典音楽以外でも、いろいろなかたちで活躍しています。新しい和楽器の活躍を見てみましょう。

数十台の太鼓でのパフォーマンス演奏

樹齢400年の大木で作った大きな太鼓を中心に、多くの和太鼓を組みあわせて演奏する「倭」は、日本だけでなく世界でも注目をあびている集団です。迫力ある太鼓演奏だけでなく、衣装や動きなどのパフォーマンスにもこだわり、独創的な舞台の演出が特徴となっています。

アジアや欧米など、海外公演は1,000回以上おこなっています。

ゲームやインターネット上の音楽を和楽器で表現

和楽器集団の杵家七三社中は、ゲーム音楽や、インターネット上に流れる電子音楽などを本格的な和楽器で演奏しています。演奏の映像はインターネットで流され、若い人からも注目をあびました。

ゲーム音楽が元になった「邦楽BadApple!! 傷林果」の動画の一部です。

指揮者がいる和楽器のオーケストラ

伝統にしばられない現代邦楽として、新しい分野を切り開いたのが、1964（昭和39）年に誕生した「日本音楽集団」です。日本の古典音楽の合奏では指揮者がいませんが、中央に指揮者がいるのも特徴です。五線譜を見て演奏します。たくさんの和楽器が集まった、オーケストラのように見えます。

箏、琵琶、三味線、尺八、太鼓など、いろいろな和楽器の共演です。

海外の伝統音楽・芸能との共演

韓国の横笛デグムや舞踊サルプリチュムと、日本の打楽器・笛や舞踊の共演です。日韓交流としておこなわれた音楽会で上演されました。

「日韓交流音楽会　海をわたる笛の風」（2014年10月）の公演の様子です。

他ジャンルとの共演

ジャズという音楽でも和楽器は活躍しています。篠笛や尺八、箏、三味線、和太鼓などいろいろな楽器が、それぞれの個性を生かして演奏され、新しい音楽を作りあげています。

ライブハウスでジャズを演奏している篠笛と尺八。

ワークショップで和楽器体験

和楽器を見たりさわったりしたことがないという人がたくさんいます。そこで、最近では和楽器の体験ができるワークショップがいろいろなところで開催されています。東京藝術大学でも、毎年夏休みに公開講座「はじめてのお囃子」として開催され、小学生から大人まで、楽しんで参加しています。

和楽器職人になるには

和楽器職人とは箏、三味線、尺八、和太鼓など、それぞれの伝統の楽器を作る職人のことです。楽器の仕組みを理解し、音感や素材を見極めるなど長い修行が必要です。和楽器職人になるには弟子入りや工房に入る道もあります。和太鼓作りの職人にきいてみました。

和太鼓職人

宮本卯之助商店　太鼓部長
木場 將行 さん

太鼓の大きさに切り出された丸太に向かう、そこから太鼓作りがはじまります。木のまわりや中心をけずる胴作りは、木目をよみ、木の質を見ぬくことからです。木にあわせ、それを自分のイメージする厚みへとけずること、太鼓作りのおもしろさは、自分の思いどおりにしあげができたときにあります。しかし、カンナ研ぎから、胴作り、皮はりと、ひととおりの工程ができるようになるには10年はかかります。もちろん、それで完成ではなく職人としては一生が追求です。まずは、今の自分ができる仕事をきちんとやることからだと思います。

子どものころから物作りが好きで、幼いころ、祭りで太鼓のここちよい音をきき、どうやって太鼓が作られているのか興味をもちました。学生時代は吹奏楽のトランペット奏者でしたが、和楽器作りの道に入りました。現在、太鼓作りと修理をしています。太鼓は、保管やあつかいがよいと、100～200年はもつ和楽器です。修理で持ちこまれる中には江戸時代のものもあります。それは先人の職人の仕事を見るよい機会ですし緊張もあります。自分が作る太鼓も、将来同じようにだれかが見ることもあります。数十年後にも自分に恥じないよい太鼓を作るようにと心がけています。

和楽器奏者になるには

和楽器奏者になるには、ぜったいに必要な資格はありません。一番は音楽が好きであることがたいせつです。多くの人は幼いころからレッスンを受け、高校卒業後に音楽系の専門学校や大学に進む場合が多いです。篠笛の奏者にきいてみました。

篠笛奏者

邦楽囃子笛方鳳聲流
鳳聲 晴久 さん

3歳からバイオリンを習っていましたが、5、6歳のころ、地元の祭囃子に、わくわくしながら笛や太鼓などで参加していました。祭りが身近にあり、演奏した晴れ舞台は、わたしにとって和楽器を好きになったことの大きな原体験といえます。9歳で大叔父に祭囃子の手ほどきを受け、篠笛をはじめました。

高校生のときには、江戸里神楽若山流家元の若山胤雄先生に入門して祭囃子、神楽囃子の教えを受けました。よい師匠とのであいもたいせつです。その後、大学で邦楽囃子を学び、邦楽囃子と祭囃子・神楽囃子の両方の道に進むことができました。

和楽器のおもしろさはむずかしくなく、自由なところにあります。自分で音を楽しめ、個性を受け入れてくれるのも魅力のひとつです。もし世界や海外に興味があるのなら和楽器をはじめてください。和楽器で、ことば以上のコミニケーションをとれるはずです。わたしの願いのひとつは、日本の文化を見つめ直し、世界に日本の文化を紹介していくことです。日本の笛が、世界の文化としてあたりまえになることが目標です。みなさんも、ぜひ早く和楽器とのであいを楽しんでみてください。

和楽器と日本文化

この本を読んだみなさんは、和楽器にはどんな種類があるのか、また、それぞれに作り方や演奏方法がちがい、いろいろな組みあわせで豊富な音楽分野を作っていることなどがわかってきたのではないでしょうか。日本の伝統音楽は、古い音楽が時代や外国の影響を受けて新しい音楽が生まれても、その両方が残り今も伝えられています。その伝統音楽の代表が「雅楽」です。楽器の形も演奏方法も、音楽も1,000年以上ずっと守り伝えられてきました。今では伝統文化とされている歌舞伎で演奏される長唄は、江戸時代の当時はとても斬新な音楽でした。それぞれの音楽が、みなさんの時代も、またその先の時代へも伝承されてほしいですね。

そんな日本の和楽器も、実際には気候や文化の変化により、入手がむずかしくなってきた材料もあります。この日本の貴重な音楽文化を残し伝えていくには、楽器を作る人がいて、演奏する人がいて、それをきく人がいる、ということがもっともたいせつです。和楽器に興味をもち、日本の音楽をいろいろきいてみてください。独特な音階、独特なリズム、独特な音のゆらぎなど、日本の音楽の個性が発見できるはずです。そして、機会があれば、ぜひふれてみてください。素朴で繊細な楽器から生まれる音を体感すれば、もっともっと和楽器が好きになるでしょう。

著者…和の技術を知る会
撮影…イシワタフミアキ
装丁・デザイン…DOMDOM
イラスト…坂本真美（DOMDOM）
編集協力…山本富洋、山田　桂

■撮影・取材協力
東京藝術大学音楽学部
東京都台東区上野公園 12-8
http://www.geidai.ac.jp/
＜邦楽科＞雅楽：三浦元則、能楽：関根知孝、箏曲・箏：萩岡松韻、長唄三味線：小島直文、邦楽囃子・締太鼓：藤舎呂雪、邦楽囃子・小鼓：盧 慶順、祭囃子・神楽囃子：若山 修、能管：竹井誠　＜楽理科＞植村幸生

（株）宮本卯之助商店
東京都台東区西浅草 2-1-1
http://www.miyamoto-unosuke.co.jp/

■参考資料
『和楽器の世界』西川浩平著／河出書房新社 2008
『日本音楽との出会い－日本音楽の歴史と理論－』 月渓恒子著／東京堂出版 2010
『図解　日本音楽史』田中健次著／東京堂出版 2008
『日本の楽器　日本の音』［1打楽器］［2弦楽器］［3管楽器］［5歴史］各、高橋秀雄 総監修・著、佐藤敏直音楽監修／小峰書店 2002
『日本の音と楽器（日本の伝統芸能 8）』高橋秀雄・芳賀日出男監修、小柴はるみ著／小峰書店 1995
『やさしく学べる箏教本』福永千恵子著、現代邦楽研究所編／汐文社 2003
『やさしく学べる三味線教本』西潟昭子著、現代邦楽研究所編／汐文社 2003

■写真・図版・資料協力
＜カバー・表紙＞
和太鼓製作・楽太鼓・大鼓：（株）宮本卯之助商店、神楽囃子演奏：江戸里神楽 若山社中、箏曲演奏：日本三曲協会、那智の田楽：那智勝浦町

P1 ～ 3 ＜本扉／はじめに／もくじ＞
箏曲演奏 (P1)：三曲協会、箏曲演奏 (P2)：萩岡松韻、楽琵琶：浜松市楽器博物館、大鼓：（株）宮本卯之助商店、箏製作：國井琴製作所、能管演奏：竹井誠、おわら風の盆：（一社）越中八尾観光協会、水道管尺八：遠藤晏弘尺八工房［遠藤鈴匠］、和楽器合奏：日本音楽集団

P4 ～ 9 ＜和楽器の世界へようこそ＞
鉦鼓・楽太鼓・三ノ鼓・笏拍子・笙・楽箏・能管・小鼓・大鼓・太鼓・締太鼓・篠笛・木柾・木魚・オルゴール・雨団扇・大太鼓・大締太鼓・桶締太鼓・大拍子・当り鉦・底抜屋台・祭礼用曳太鼓：（株）宮本卯之助商店、羯鼓・神楽笛・龍笛・高麗笛・篳篥・楽琵琶・和琴・短箏・中棹三味線・太棹三味線：浜松市楽器博物館、管絃・舞楽「打球楽」：宮内庁式部職楽部、能演目「乱」：（公社）能楽協会／前島写真店、箏曲演奏：萩岡松韻、尺八：遠藤晏弘尺八工房［遠藤鈴匠］、長唄「元禄花見踊」の演奏：東京藝術大学、獅子舞・江戸獅子舞の囃子：江戸里神楽 若山社中

P10 ～ 15 ＜和楽器作りの技を見てみよう＞
箏作りのスゴ技：國井琴製作所、三味線作りのスゴ技：（有）加藤邦楽器［卓越技能章 加藤昭二／加藤 章］、尺八作りのスゴ技：遠藤晏弘尺八工房［遠藤鈴匠］、和太鼓作りのスゴ技：（株）宮本卯之助商店

P16 ～ 21 ＜和楽器演奏の技を見てみよう＞
箏の演奏：萩岡松韻、生田流：日本三曲協会、三味線の演奏：東音小島直文、能管の演奏：竹井誠、一噌流唱歌集 上巻：わんや書店より転載、尺八の演奏：青木鈴慕・青木彰時、締太鼓の演奏：藤舎呂雪、小鼓の演奏：盧 慶順

P22 ～ 23 ＜和楽器のある祭り＞
盛岡さんさ踊り：盛岡さんさ踊り実行委員会、三社祭 囃子：江戸里神楽 若山社中、三社祭 神輿：（公財）東京観光財団、おわら風の盆：（一社）越中八尾観光協会、出雲神楽：雲南市、那智の田楽：那智勝浦町、壬生の花田植：北広島町商工観光課、小倉祇園太鼓：小倉祇園太鼓保存振興会、平敷屋エイサー：うるま市役所商工観光課、ハワイの盆踊り：Scott Mita ／ Paul Sakamoto ／松田愛

P24 ～ 25 ＜水道管尺八作りにチャレンジ！＞
遠藤晏弘尺八工房［遠藤鈴匠］

P26 ～ 31 ＜もっと和楽器を知ろう＞
でんでん太鼓：日本玩具博物館、梵鐘：曹洞宗大本山總持寺、木魚：黄檗宗大本山萬福寺、弾琴埴輪：福島県立博物館、餓鬼草紙：国立国会図書館、今昔操年代記：東京大学総合図書館、「江戸名所百人美女」『赤さか氷川』・「江戸名所百人美女」『吉徳稲荷』：都立中央図書館特別文庫室所蔵、三線・三線の爪・三味線・パーランクー・ファンソウ・三板・クーチョー：浜松市楽器博物館、三味線演奏：日本三曲協会、三弦・琵琶・ウード・伽倻琴：東京藝術大学 小泉文夫記念資料室、リュート：奥清秀弦楽器工房、北インド古典音楽の演奏風景：演奏者［寺原 太郎（バーンスリー）／ H. Amit Roy（シタール）／ U-zhaan・池田 絢子（タブラ）／田村 早蓉子・木村 恵実香（タンブーラー）］・井生 明撮影、ダラブッカ・ダマル・杖鼓・トーキングドラム・コンガ：（株）宮本卯之助商店、広がる和楽器の活躍：和太鼓集団 倭-YAMATO ／杵家七三社中／ niconico ／日本音楽集団／西川浩平／横浜エアジン［藤舎也生（笛）／ 大由鬼山（尺八）／城田有子（ピアノ）／内田光昭（トロンボーン）／松浦賢二（ドラム）］、和楽器職人になるには：（株）宮本卯之助商店、和楽器奏者になるには：鳳聲晴久

（敬称略）

※和楽器には一部、ワシントン条約で国際取引が規制されている象牙やべっ甲が使われています。国内で取り扱う場合は、「種の保存法」に基づいて、環境省・経済産業省に届出をし、「特定国際種事業者」として取り扱うことが認められています。

子どもに伝えたい和の技術 6　和楽器

2016 年 3 月　初版第 1 刷発行　　2024 年 8 月　第 8 刷発行

著 …… 和の技術を知る会
発行者 …… 水谷泰三
発行所 …… 株式会社文溪堂　〒 112-8635　東京都文京区大塚 3-16-12
TEL：編集 03-5976-1511
営業 03-5976-1515
ホームページ：https://www.bunkei.co.jp
印刷・製本 …… TOPPANクロレ株式会社
ISBN978-4-7999-0148-9/NDC508/32P/294㎜× 215㎜

©2016 Production committee "Technique of JAPAN" and BUNKEIDO Co., Ltd.
Tokyo, JAPAN. Printed in JAPAN
落丁本・乱丁本は送料小社負担でおとりかえいたします。定価はカバーに表示してあります。